König Ludwig II.
und
Fürst Bismarck

im Jahre 1870.

König
Ludwig II.
und
Fürst
Bismarck
im Jahre 1870.

Von

Louise von Kobell.

1. und 2. Auflage.

Mit einem
Faksimile des
Kaiserbriefs.

Leipzig,
Verlag von Duncker & Humblot.
1899.

Alle Rechte vorbehalten.

Im Januarheft 1899 der „Deutschen Revue" erschien ein von mir verfaßter Artikel unter dem Titel: „Die bayrische Mobilisierung und die Anerbietung der Kaiserkrone im Jahre 1870." Die vielfachen Zeichen der Anerkennung, die mir seither nicht nur von Freunden, sondern auch von Unbekannten und Kritikern zu teil geworden, veranlaßten mich, den Aufsatz, allerdings in erweiterter Form und mit verändertem Titel, als selbständige Broschüre herauszugeben.

Ich möchte diese Gelegenheit wahrnehmen, allen denen meinen innigen Dank auszusprechen, die mich durch ihr wohlwollendes Urteil zu dieser Veröffentlichung anregten, denn, wenn ich auch nicht aus persönlicher Eitelkeit schreibe, so gestehe ich doch, daß ich mich freue, wenn meine litterarischen Arbeiten Anklang finden. Und ergeht es mir hierbei wie dem Schneeglöckchen, das unter der Frostdecke erstarren würde, wenn der Sonnenschein ihm nicht Lebenswärme einflößte.

Louise v. Kobell.

Die Geschichte von der Entstehung des neuen Deutschen Reiches ist in den letzten Decennien von Berufenen mehrfach geschrieben worden. Die Angaben verschiedener Schriftsteller über die Umstände, welche zur bayrischen Mobilisierung, zur Anerbietung der Kaiserkrone führten, enthalten einige nicht unwesentliche Irrtümer. Sie entbehren der Objektivität und beruhen auf mangelhafter Kenntnis der wirklichen Vorgänge.

Wenn die Berichtigung von Irrtümern geeignet ist, Unheil zu verursachen, so sollte sie füglich unterbleiben; stellt sie aber Thatsachen fest, welche einem Fürsten und seinem Volke zur Ehre gereichen, so ist es Pflicht des Unterrichteten, den Schleier zu lüften und die Wahrheit zu enthüllen. Folgende sich an historische Begebenheiten reihende Aufzeichnungen, die während des Jahres 1870 in meinem sorgfältig geführten Tagebuch aufgenommen wurden, sind wahrheitsgetreu und ohne künstliche Beimischung.

Bei einem Besuche erzählte mir ein mit den äußeren und inneren politischen Verhältnissen vertrauter Staatsmann: Schon vor Beginn des Krieges mit Frankreich war am württembergischen Hofe die Rede von dem Kaisertitel des Königs von Preußen, welcher Titel aber weder bei dem Könige von Württemberg, noch bei dessen Gemahlin, noch bei dem zu Besuch anwesenden Kaiser von Rußland Sympathie fand. Auch der sächsische Hof bekundete damals keine Neigung für die neue Titulatur. — Der Konflikt zwischen Frankreich und Preußen war im Jahre 1870 wegen der spanischen Thronkandidatur des Prinzen Leopold von Hohenzollern ausgebrochen. Die Verzichtleistung des Prinzen (12. Juli 1870) beseitigte die Kriegsgefahr nicht, denn sie wurde von der Regierung in Paris als unzulänglich aufgefaßt. Am 13. Juli spannte der französische Gesandte Benedetti den Bogen zu stramm, indem er im Namen der französischen Regierung an den in Ems weilenden König von Preußen die Forderung stellte: König Wilhelm solle sich durch ein Versprechen verpflichten, die allenfallsige Hohenzollernsche Kandidatur auf den spanischen Thron für immer zu verhüten.

Würdevoll wies der König die Zumutung zurück, sowie die von Benedetti verlangte Abschiedsaudienz. Diese Zurückweisungen wurden in Paris als Beleidigungen aufgenommen. Es ertönte an der Seine der Ruf, Frankreichs Ehre verlange Genugthuung.

Die feurigen Haudegen, die Schwätzer und Schwächlinge, welch letztere, wie Tacitus sagt, „beim Zusammenstoß nichts wagen, aber sich in Worten stets kampfbereit gebärden", übertönten Thiers' Rat, für jetzt von einem Krieg mit Deutschland abzustehen. Napoleon III. schwankte, doch von den Wogen des Nationalstolzes in allen Schichten der Bevölkerung und von der Presse getrieben, ward er bald gezwungen, der „grande nation" zu Willen zu sein. In der französischen Kammer stimmte am 15. Juli eine große Mehrheit der Volksvertreter für den Krieg, in den Straßen brüllte eine tolle Menge die Marseillaise. Und am 15. Juli war es auch, daß Volksjubel den nach Berlin zurückkehrenden König Wilhelm I. umrauschte; seine Hauptstadt hallte von den Klängen der „Wacht am Rhein". —

Das Gefühl der Zusammengehörigkeit regte sich im deutschen Volk. Die Parteizwiste verstummten sofort in Baden, in

Sachsen und in den Kleinstaaten. Württemberg verschob seine Stellungnahme, bis der Entschluß Bayerns bekannt wäre.

König Ludwig II. traf am 15. Juli abends 8 Uhr von einem Gebirgsausfluge in Berg ein. Nach einer Stunde sandte er seinem Kabinettschef Eisenhart die Meldung des Ministers des Äußeren, Grafen Bray, gemäß welcher Ministerialsekretär Graf Berchem am Morgen des 16. Juli ein dringendes Schreiben überbringen werde. Um 11 Uhr nachts wurde Eisenhart ins Schloß zum König gerufen. Den Gegenstand des Vortrags bildete der wahrscheinlich bevorstehende Krieg.

Eine friedliche Lösung, die der König wünschte, hielt Eisenhart für ausgeschlossen; wenn Bayern neutral bleibe, gefährde es eventuell seine Selbständigkeit, der Kampf an Frankreichs Seite würde eine Schmach sein, das Festhalten an dem 1866 mit Preußen abgeschlossenen Bündnisvertrag sei Pflicht und Recht.

Das freie Urteil Ludwigs II. schied jäh Gründe und Gegengründe. Mit scharfem Geist erfassend und klug überlegend, sprach er: „Der casus foederis ist gegeben, zur Entscheidung will ich noch Berchems Ankunft abwarten. Lesen Sie das Schreiben Brays, welches Berchem mitbringt, und berichten Sie mir über den Inhalt. Das ist mein Wille. Gute Nacht."

Tief bewegt verließ der Kabinettschef den König. — Draußen dämmerte schon der lichte Morgen, Eisenhart hatte das Gefühl, auch in Bayerns Politik werde der lichte Tag anbrechen.

Auf ausdrücklichen Befehl des Ministers langte Graf Berchem erst früh 6 Uhr (16. Juli) in Berg an und übergab statt des von Eisenhart erwarteten dringenden Schreibens an den König nur einen allgemein gehaltenen Staatsratsbeschluß nebst einem an Eisenhart gerichteten Brief. In diesem bat der erwähnte Minister des Äußeren, am Nachmittag des 16. Juli persönlich

Seiner Majestät Befehle in der schwebenden Angelegenheit einholen zu dürfen.

Es war dem in schwieriger und verantwortlicher Lage befindlichen Minister offenbar darum zu thun, etwas Zeit zu gewinnen.

Graf Berchem selbst war Feuer und Flamme für einen sofortigen entscheidenden Beschluß des Königs, sich als Preußens Bundesgenossen zu erklären, und berief sich dabei auf den Ausspruch des ihm befreundeten, hochbegabten, damals außerhalb amtlicher Thätigkeit stehenden Grafen v. Hegnenberg-Dux, „es empfehle sich wenig, Bedingungen, von welchen in München viel die Rede, an Preußen zu stellen, die im Falle des Sieges überflüssig, im Falle der Niederlage wertlos seien, in beiden Fällen aber einen Schatten auf die Allianztreue Bayerns werfen müßten".

Schwerwiegend für Berchem war auch, daß ihm tags zuvor der Kriegsminister v. Pranckh gesagt hatte: „Wenn ich bis morgen nicht die Mobilmachungsordre erhalte, so lehne ich alle Verantwortung ab." — Eisenhart eilte ins Schloß, ließ den König dessen Weisung gemäß wecken und wurde im Schlafzimmer empfangen. „Nun, was bringen Sie?" fragte lebhaft der sich im Bett aufrichtende Monarch.

Eisenhart referierte genau, dann, durchdrungen vom Nationalbewußtsein, beleuchtete er beredt nochmals die wichtigsten Punkte der großen Tagesfrage.

Der König sann — plötzlich sprach er kraftvoll: „Bis dat, qui cito dat, entwerfen Sie meinen Befehl zur Mobilmachung und bestellen Sie Bray und Pranckh auf nachmittags 4 Uhr zu mir. Machen Sie es durch die Presse bekannt." Eisenhart fertigte sofort die befohlenen Schreiben. Unverzüglich erfolgte des

Königs Unterschrift. — Gehobenen Sinnes teilte Eisenhart dem gespannt harrenden Grafen Berchem des Königs ruhmwürdige Entscheidung mit. „Zum Jasagen gegenüber dem Fürsten, wie er auch sei, braucht es keine Mühe, dagegen dem Fürsten nach Pflicht und Gewissen raten, ist eine große Aufgabe."* Diese hatte Eisenhart erfüllt.

Mit dem Befehl zur Mobilmachung war der König auf Eisenharts Antrag dem Vortrag Brays zuvorgekommen.

Die chiffrierten Telegramme flogen nach München, und dank der Umsicht und Thatkraft des Kriegsministers v. Pranckh befand sich alsbald der Mobilisierungsbefehl in den Händen der Corps=kommandanten. Die offiziöse „Korrespondenz Hoffmann" meldete zur großen Überraschung der ministeriellen Kreise: „16. Juli 1870. Der Befehl zur Mobilisierung der Armee ist soeben er=gangen. Seine Majestät hat den Bündnisfall für gegeben er=achtet, Bayern wird mit Preußen gegen Frankreich in den Kampf ziehen." — Nachmittags trafen zur bestimmten Stunde die Minister Bray und Pranckh in Berg ein; der Kriegsminister drückte Eisenhart herzhaft die Hand und sagte: „Sie haben ein Stück verdienstvoller Arbeit hinter sich." Nach der Audienz er=klärte Pranckh: „So befriedigt wie heute habe ich den König noch nie gesehen." — Als der dienstthuende Adjutant v. Sauer den Monarchen ergebenst beglückwünschte, erwiderte dieser: „Ja, ich habe das Gefühl, eine gute That gethan zu haben."

Und wie wurde der König in seiner Empfindung bestärkt, als ihn bei seiner Rückkehr nach München am 17. Juli gegen 4 Uhr Nachmittags sein Volk mit einem wahren Sturm der Begeisterung empfing. Tausende und Tausende von Menschen

---

* Tacitus, Hist. I, 15.

umstanden die Residenz; erschien der König am Fenster, so tönten ihm Hochs und Huldigungslieder entgegen, so warm und ursprünglich, wie sie nur dem Herzen entströmen können. In ungewöhnt heiterer Art begrüßte er die ihm Zurufenden.

Ähnliche Scenen spielten sich am selben Tage in den deutschen Hauptstädten bei der Nachricht von der Mobilisierung der ganzen norddeutschen, der badischen, der hessischen, der württembergischen Armee ab.

Am 18. Juli prickelte die Luft förmlich von den Gemütsbewegungen der Versammelten in der bayrischen Kammer. Gegenwärtig waren 148 Abgeordnete, nahezu die Vollzahl. Am Ministertische saßen Graf Bray-Steinburg, Minister des Äußeren, v. Pfretzschner, v. Schlör, Freiherr v. Pranckh, v. Lutz, v. Braun. Kopf an Kopf drängte sich auf der Galerie.

Auf der Tagesordnung stand: „Fortsetzung der Beratung und Beschlußfassung über den ordentlichen Etat der Militärverwaltung für die Jahre 1870 und 1871."

Ein kurzer Auszug der wesentlichsten Reden sei hier wiedergegeben, denn die Verhandlungen bieten ein historisches Interesse; es geht trotz der leidenschaftlichen Wortfehden fast noch ein patriarchalischer Zug durch dieselben, welchen die heutigen Parlamentsdebatten nicht mehr bieten, und der sich auch in Zukunft schwerlich wieder einstellen wird.

Mit Überzeugungstreue in Blick und Stimme spricht der Kriegsminister v. Pranckh: „Infolge der unerwartet schnell eingetretenen politischen Ereignisse hat Seine Majestät der König unterm 16. dieses Monats die Mobilmachung seines Heeres befohlen. Es handelt sich also a) um Beschaffung der für diese Mobilmachung erforderlichen Geldmittel und b) für den Unterhalt des Heeres in Kriegsstärke und zwar für den Rest des Jahres 1870.

„Der beantragte Gesamtkredit berechnet sich für die einmaligen Kosten der Mobilisierung auf 5 600 000 Gulden für den laufenden Unterhalt, für den Rest des Jahres 1870 auf 21 100 000 Gulden, zusammen 26 700 000 Gulden.

„Es wird selbstverständlich von dem letzteren Kredit für den Unterhalt des Heeres in Kriegsstärke nur insoweit Gebrauch gemacht werden, als es der Verlauf der Ereignisse unbedingt erfordern wird. Ich erlaube mir, bei der hohen Wichtigkeit und Dringlichkeit des Gegenstandes, schleunigste Beratung und Beschlußfassung zu verlangen, und bin ich bereit, über die Details der dem Entwurf zu Grunde liegenden Kostenberechnung jede wünschenswerte Auskunft zu erteilen."

Der Minister des Äußeren, Graf Bray, erklärt, „sämtliche auf die gegenwärtige Lage bezügliche amtliche Telegramme und sonstige Aktenstücke stehen dem Ausschusse, sobald ein solcher niedergesetzt sein wird, sowie auch jedem Mitglied des hohen Hauses zur Einsicht bereit."

Die beschleunigte Beratung und die zeitraubende Prüfung der Forderung eines aus neun Mitgliedern zu konstituierenden Ausschusses für die heute von der Staatsregierung gemachte Vorlage werden von Abgeordneten gegensätzlich lebhaft erörtert. Die Sitzung wird zur Wahl dieses besonderen Ausschusses um 10 Uhr unterbrochen; abends 7 Uhr wieder aufgenommen, erfolgt alsbald deren Schluß.

Der Ausschuß hat sich aus sechs Ultramontanen und aus drei Liberalen zusammengesetzt. Der Würzburger Universitätsbibliothekar Dr. Ruland ist zum Vorstand ernannt, Dr. Schleich, ehemaliger Redakteur des Witzblattes „Punsch", zum Sekretär, Dr. Jörg, Kreisarchivar in Landshut, zum Referenten für den politischen, der Abg. Kolb für den finanziellen Teil erwählt.

Am 19. Juli erstattet unter großer Spannung der im Saale und auf der Galerie überzahlreichen Anwesenden, Referent Jörg seinen Vortrag an die Kammer. Er erklärt:

"Bewaffnete Neutralität hat der Ausschuß beschlossen. Der Ausschuß hat den casus foederis in Bezug auf den Allianzvertrag vom 22. August 1866 nicht anerkannt, und der Ausschuß — ich spreche natürlich immer von der Mehrheit des Ausschusses, wenn ich den kurzen Ausdruck gebrauche, der Ausschuß legt darauf ein Hauptgewicht. — Die Ursache der traurigen Verwicklung liegt unseres Erachtens außerhalb des Gebietes deutscher Ehre und deutscher Integrität." — Ein entrüstetes "Oho!" erfüllt den Raum. "Nach einem Berichte, den der preußische Botschafter in Paris über eine Besprechung mit dem Herzog von Gramont, französischem Minister des Auswärtigen, gegeben hat, sagte der Herzog, es müsse der Keim einer bleibenden Verstimmung vertilgt werden, und er ginge dabei von dem Gesichtspunkte aus, daß wir in unserm Verfahren gegen Frankreich kein freundliches Procédé beobachtet, wie dies auch seines Wissens von allen Großmächten anerkannt wurde. Er möchte, aufrichtig gesagt, keinen Krieg, sondern freundliche und gute Beziehungen mit Preußen und von mir (dem preußischen Botschafter) wisse er, daß ich nach demselben Ziele trachte. — Ein Brief des Königs (von Preußen) an den Kaiser Napoleon wäre der richtige Ausweg. Es könnte darin nur gesagt werden, daß Euere Königliche Majestät, indem Allerhöchst Sie den Prinzen Leopold von Hohenzollern zur Annahme der Krone Spaniens ermächtigt hätten, nicht hätten glauben können, weder den Interessen noch der Würde der französischen Nation zu nahe zu treten; der König schlösse sich der Entsagung des Prinzen von Hohenzollern an, und zwar mit dem Wunsche und der Hoffnung, daß jeder Grund des Zwiespalts zwischen unseren beiden Regierungen nunmehr verschwunden sein würde. Solche und ähnliche Worte, die im allgemeinen durch Publizität zur Beschwichtigung der allgemeinen Volksstimmung beitragen könnten, dürfte dieser Brief enthalten; doch möchte er bevorworten, daß von den verwandtschaftlichen Beziehungen zum Kaiser nicht die Rede sei."

Auch die Dr. Jörg merkwürdig erschienene Note Bismarcks an den norddeutschen Gesandten in München liest der Referent vor: „Nachdem die Nachrichten von der Entsagung des Erbprinzen ꝛc. der kaiserlich französischen Regierung von der königlich spanischen amtlich mitgeteilt worden sind, hat der französische Botschafter in Ems Seiner Majestät dem Könige noch die Forderung gestellt, ihn zu autorisieren, daß er nach Paris telegraphiere, daß Seine Majestät der König sich für alle Zukunft verpflichtet, niemals wieder seine Zustimmung zu geben, wenn die Hohenzollern auf ihre Kandidatur wieder zurückkommen sollten."

„Ich glaube nicht," schaltet Jörg ein, „bemerken zu müssen, daß mit dem Berichte des preußischen Botschafters in Paris diese Auslassung nicht recht übereinstimmt," und er liest Bismarcks Note weiter: „Seine Majestät hat es darauf abgelehnt, den französischen Botschafter nochmals zu empfangen, und demselben durch den Adjutanten vom Dienst sagen lassen, daß Seine Majestät dem Botschafter nichts weiteres mitzuteilen habe.

„Seine Majestät der König von Bayern wird ein Gefühl dafür haben, daß Benedetti den König auf der Promenade wider dessen Willen provozierend angeredet hat, um obige Forderung stellen zu können. Bismarck."

„Das ist alles, was ich aus den Akten über diesen Casus authentisch erfahren habe. Mir ist ganz der Eindruck geblieben, daß der entsetzliche Krieg, der nun, wie man allgemein hört, entbrennen soll, seinen Ursprung nimmt in einem wirklichen oder eingebildeten Verstoß gegen die Hofetikette, und ich muß gestehen, das ist etwas, was bei der ganzen Betrachtung der Sache mir wenigstens das Herz am allertiefsten bewegt" (Rufe der Empörung ziehen wieder durch den Saal). „Also ich wiederhole, meine Herren, **bewaffnete Neutralität**. Das war die Ansicht der Mehrheit des Ausschusses." — —

Im Saal und auf der Galerie wächst die Unruhe von Minute zu Minute, das Schicksal Bayerns steht auf dem Spiel. Teils lakonisch, teils ausführlich beleuchten die Kammermitglieder bald diese, bald jene Auffassung, mitunter von dem Gemurmel der Mißbilligenden begleitet, oder von der Zustimmung Gleichgesinnter.

„Meine Herren!" ruft emphatisch Professor Sepp, „ich wollte für bewaffnete Neutralität sprechen, und habe mir Wort für Wort aufgezeichnet, um ja keinen Ausdruck zu improvisieren. Und jetzt komme ich mir vor wie der Prophet, der ausgezogen war, um zu fluchen, und er mußte segnen: ‚Ich kann den vorbereiteten Entwurf nicht brauchen.' Jetzt spreche ich aus der Fülle des Herzens diese geflügelten Worte, wie sie der freie Drang der Begeisterung eingegeben." (Allseitige Verwunderung.)

„Wollen Sie (zur Linken gewendet) nicht die einzigen Deutschen sein, etwa auf unsere Kosten! Auch wir haben ein deutsches Herz, wir halten fest an dem Ausspruche des deutschesten unter den deutschen Fürsten, weiland unseres Königs Ludwig I.: ‚Wir wollen Deutsche sein und Bayern bleiben!' — Was mich am meisten empört hat, ist die Insolenz, daß man es wagte, von Frankreich aus Briefe an uns zu schicken mit der Zumutung, der alten Waffenbrüderschaft mit Napoleon in Wort und That zu gedenken. Eine neue französische Allianz verstehe sich notwendig infolge des Hasses, den wir gegen unseren Überwinder vom Jahre 1866 im Herzen tragen müßten. Ich gebe hierauf eine deutsche Antwort: Wir halten es für eine nationale Schmach und erklären es für Vaterlandsverrat, an solch ein Bündnis je wieder zu denken. — Wir wollen und dürfen den Kredit für die Kriegsführung nicht mehr verweigern. — Gott gebe den Waffen der Deutschen den Sieg!" —

Der durch seine Rhetorik bekannte Augsburger Advokat Dr. Völk drückt seine Freude aus, daß eine auf bewaffnete Neutralität einstudierte Rede nicht, aber eine für die Bewaffnung und Verteidigung des Vaterlandes nicht einstudierte Rede von jener Seite gehalten wurde.

„Man hat uns davon gesprochen," fährt er fort, „daß Frankreich uns ja nichts anhaben wolle. Die Pfalz garantiere man uns, und das müsse den Pfälzern selbst sehr lieb sein, und damit könne man ja die Sache gar freundlich und friedlich abmachen. Mir scheint, daß in einer solchen Auffassung der Absichten der Franzosen und ihres Herrschers Deutschland gegenüber etwas liegt, was ich als eine Art kindlicher Naivität bezeichnen möchte. — Wer kann uns die Pfalz garantieren, meine Herren? Wer? Kann das der Kaiser von Frankreich? Der garantiere erst sich selbst! — —

„Aber selbst wenn der Kaiser von Frankreich — lassen Sie mich jetzt ein offenes Wort sprechen — auch die Garantie gäbe, der Mann, der die Staatsform, der er Treue geschworen, später selbst zerbrochen hat, kann uns die Pfalz nicht garantieren! Die Pfalz, meine Herren, und die Rheinlande kann uns nur eines garantieren: das ist die vereinte Macht der deutschen Nation, das ist die vereinte Macht aller ihrer Söhne, das ist die Begeisterung, mit der wir an den Rhein, über den Rhein zu gehen haben."

Seine Rede zündet bei vielen Zuhörern.

Dr. Ruland, der in einer früheren Sitzung eine Kanonenkugel als das Freundschaftssymbol der Preußen in den Saal geworfen hatte, ruft zuversichtlich dagegen: „Ich gehöre zu jenen sechs Männern, die in dem Ausschuß sich dahin aussprachen und zwar aus voller Überzeugung sich dafür aussprachen, daß eine bewaffnete Neutralität im Augenblick das Gebotene, das Notwendige ist. Der casus foederis gilt für mich in diesem Falle nicht — wir haben im Augenblick die Wahl und diese besteht darin, daß wir neutral bleiben, daß wir neutral bleiben, sage ich, wo wir dann von Frankreich nichts zu befürchten haben." —

Dr. Gerstner erwidert: „Ich bin von dem verhängnisvollen Beschlusse des Ausschusses so ergriffen, daß ich nicht lange sprechen kann. Ich bekenne Ihnen vor allem frei und offen, daß ich erst nach einem schweren inneren Kampfe mich entschließen konnte, meine Stimme zur Teilnahme am Kriege zu geben." — —

Der ehemalige Minister des Innern v. Hörmann erinnert an die Thronrede, mit welcher Seine Majestät der König die diesjährige Versammlung eröffnet hat, und an die Antwort, welche auf jener Seite des Hauses darauf beschlossen wurde. Die Thronrede sagt: „Treu dem Allianzvertrage, für welchen ich mein Königliches Wort verpfändet habe, werde ich mit meinem mächtigen Bundesgenossen für die Ehre Deutschlands und damit für die Ehre Bayerns einstehen, wenn es uns die Pflicht gebietet."

„Meine Herren, der Fall, in dem dieses Königliche Wort zum Vollzuge und zur Anwendung kommt, er liegt Ihnen vor.

„In der Adresse, die Sie beschlossen haben, kommt der Passus vor: ‚Nie wird eine Lockung zum Vertragsbruche bei unserem Volke Eingang finden.'

„Hüten Sie sich, daß Sie dem, was Sie so feierlich in der Adresse versichert haben, nicht selbst entgegenhandeln. — — Ich kann mir in der gegenwärtigen Verwickelung nur vier Fälle für das Verhalten Bayerns als möglich denken, nämlich: unbewaffnete Neutralität, bewaffnete Neutralität, Beteiligung an dem Kriege auf Seite Frankreichs, Beteiligung an dem Kriege auf Seite Preußens. — — Wollten wir bei den gegenwärtigen Verhältnissen eine unbewaffnete Neutralität ergreifen, so würden wir uns damit selbst aus der Reihe der existenzfähigen Staaten streichen, gewissermaßen einen Selbstmord an uns begehen.

„Ein zweiter Fall ist die Beteiligung am Kampfe auf der Seite Frankreichs. Ich habe es nicht anders erwartet, aber es hat mich doch innigst gefreut, aus dem Munde des Herrn Referenten ausdrücklich zu vernehmen, daß niemand in Ihrem geehrten Ausschusse, ich darf wohl auch sagen, daß niemand in diesem hohen Hause an die Möglichkeit eines solchen Verhaltens nur dachte und denkt.

„Die bewaffnete Neutralität, wie Sie sie nach dem Vortrage Ihres Ausschusses ins Auge fassen sollen, ist gar nicht haltbar. — — Sie riskieren, wenn Sie neutral bleiben, nach großen Opfern den Verlust desjenigen, was uns das Theuerste sein muß, den Verlust der selbständigen politischen Existenz Bayerns. Sowohl im deutschen als im bayrischen Interesse kann ich daher nicht im mindesten in Zweifel darüber sein, welche Stellung unserem Hause in dieser Frage geboten ist. Keine Beschränkung bei der Kreditbewilligung! Dringend fordere ich

Sie auf, alle Parteiinteressen in dieser Frage, die das ganze Vaterland berührt, fahren zu lassen, einmütig mit uns auf dieser Seite zusammenzustehen, um uns vereint um unseren erhabenen König zu scharen und zu zeigen, daß wir imstande sind, als Bayern und Deutsche zu handeln. Jetzt, meine Herren von jener Seite, jetzt ist Ihnen Gelegenheit gegeben, zu zeigen, daß Sie den Namen Patrioten nicht umsonst angenommen haben."

„Man spricht," erklärt Dr. Westermayer, Stadtpfarrer zu St. Peter, „als wenn es eine so ausgemachte Sache wäre, daß der casus foederis gegeben sei, weil das die königliche Staatsregierung glaubt und weil es I h r e Anschauung ist, aber meine Anschauung ist das nicht. — —

„Wenn man den Frieden ernstlich wollte, dann hätte man ihn auf beiden Seiten haben können. Ich gebe Ihnen gerne zu, daß der Kaiser Napoleon sich recht gut hätte begnügen können mit der Verzichtleistung des Prinzen Leopold auf den Thron. Aber auf der anderen Seite erlaube ich mir Ihnen zu sagen, daß wenn man geradenwegs angesichts der Schrecken eines europäischen Kriegs diesen vermeiden wollte, auch der König von Preußen hätte erklären können, er gebe zu, und gebe seine Einwilligung dazu, daß nie ein Prinz von Hohenzollern auf den spanischen Thron komme. (Unruhe.)

„Meine Herren, ich habe mich darauf gefaßt gemacht, hier auf Widerspruch zu stoßen; Sie betrachten ja das Gesagte als die Anschauung eines verknöcherten Ultramontanen, und die muß natürlich ganz paradox oder einfältig sein. — —

„Ich glaube nicht, daß das monarchische Princip durch diese Kriege gefördert und irgendwie stabiliert werden kann. Man sieht gerade nur dynastische Kleinlichkeiten, man sieht persönliche Gereiztheit, und um dieser Dinge willen sollen Tausende und Tausende hingeschlachtet werden? Ich bin froh, daß der casus foederis, wenigstens nach meiner Überzeugung, nicht gegeben ist, weil bei zwei Übeln zuletzt das kleinere denn doch vorgezogen werden muß, und die bewaffnete Neutralität halte ich für ein kleineres Übel. Ich glaube nicht, daß Dr. Sepp so ganz das Richtige und Rechte getroffen hat, wenn er meint, daß die Pfälzer die Schauder und Gräuel eines Krieges zu tragen verstünden und vor demselben nicht zurückscheuen. (Rufe: Ja!)

„Es giebt nach den Principien der Moral gewiß einen Standpunkt, wo die Sorge für den eigenen Hof, für Haus und Herd vorzuziehen ist, und wo man in Rücksicht auf die eigenen Angehörigen ganz gewiß diese vorziehen muß und leider beim besten Willen dem Nachbar nicht zu Hilfe kommen kann." (Stürmische Rufe „Pfui!" durchbrausen den Saal.)

Präsident Weiß macht seinem Ärger durch die Anrede Luft: „Der Galerie, welche sich wieder eingemischt hat, steht kein Ordnungsruf zu!"

Dem Freiherrn Franz v. Stauffenberg gehen die undeutschen Äußerungen derart zu Herzen, daß er aus Zorn und Schmerz in Thränen ausbricht und manche Faust ballt sich aus innerem Grimm gegen diejenigen, die Preußen im Stich lassen wollen.

„Die Pfalz," donnert der pfälzische Abgeordnete Levi, „ist einmütig bereit, im Notfalle an der Seite Deutschlands lieber unterzugehen, als schmachvoll unter dem Schutz Frankreichs zu stehen. Wir rechnen auf Ihren Beistand, wenn Sie neutral bleiben, sind wir für Sie verloren."

Freiherr v. Stauffenberg erklärt: „Ich war vorhin unter denen, die bei Dr. Westermayers Worten Pfui gerufen haben. Mir schien in dessen Äußerung: ‚man könne wegen Rücksicht auf die eigenen Angehörigen dem Nachbar nicht zu Hilfe kommen', der nackte Egoismus an die Stelle des deutschen und nationalen Pflichtgefühls gesetzt zu sein." (Stürmisches Bravo auf der Galerie. Abermals droht der Präsident mit Räumung derselben.)

Graf Bray hebt hervor: "Man hat von dem casus foederis gesprochen. Meine Herren, ich bin ein Mitunterzeichner jenes Vertrages, ich habe ihn im Auftrag und auf Befehl unseres Königs mitunterzeichnet; ich weiß, wie der Vertrag gemeint war. Ich habe auch meine Stellung zu demselben nie verleugnet. Als ich zu der Ehre berufen wurde, den Platz, den ich jetzt inne habe, zu übernehmen, habe ich öffentlich in diesem Hause erklärt, daß ich die Verträge als verbindlich und auf Gegenseitigkeit beruhend betrachte. So, wie ich den Vertrag verstanden habe, ist er ein Defensivbündnis, kein Offensivbündnis. Wir sind also nicht in jenen Fällen zur Mithilfe verbunden, wo ein Angriff bezweckt wird; aber zur Mithilfe sind wir verpflichtet, wenn von Verteidigung deutschen Territoriums, eines der Territorien der beiden kontrahierenden Staaten, die Rede ist, weil in diesem Bündnisse die Integrität der Staaten gegenseitig garantiert ist.

"Nun, meine Herren, dieser Fall ist eingetreten. Der Krieg ist da, die deutsche Grenze ist überschritten, die Kriegserklärung ist erfolgt.

"Ich erkenne also an, daß der Kriegsfall, der im Vertrage vorgesehen war, eingetreten ist, und daß wir durch diesen Vertrag, sowie durch unsere Stellung in Deutschland gebunden sind. — —

"Die Regierung achtet im höchsten Grade die Rechte dieses hohen Hauses, aber sie verlangt, daß auch ihre Rechte und die Rechte der Krone und des Thrones geachtet werden und hierher gehört das Recht der Entscheidung über den Krieg. Bedingungen, die uns vorschreiben, was wir thun sollen, können wir nicht annehmen, denn wir sind verantwortlich. Ich habe allerdings ausgesprochen, daß Neutralität das beste für Bayern wäre, aber nur dann, wenn beide kriegführenden Mächte damit einverstanden wären und wenn diese Neutralität ganz Süddeutschland umfassen würde. Genießt die Regierung das Vertrauen nicht, daß ihr die Mittel bewilligt werden, welche das Recht, die Ehre und die Sicherheit des Staates erfordern, dann sind die Männer, welche jetzt an der Regierung sind, nicht ferner imstande, das schwere Joch zu tragen."

Kriegsminister v. Pranckh führt aus: "Meine Herren! Die Lage ist klar, die Kriegserklärung von Frankreich an Preußen ist erfolgt, der Krieg ist, wie Sie eben gehört haben, da. Auch die Regierung hat eine klare Lage durch das feste, durch das männliche Eingreifen unseres allergnädigsten Königs. Er hat bereits den casus foederis anerkannt. — — Meine Überzeugung in Bezug auf die neutrale Haltung ist diese, daß wir dann das sehr gelegene, willkommene und ganz bereit stehende Objekt sind, über das sich die beiden großen und streitenden Mächte in der allerkürzesten Zeit vereinbaren. Wenn wir wünschen, und wir müssen wünschen, daß die deutschen Waffen siegen, dann ist die erste Bedingnis die Einheit des Kommandos. Ich spreche hier als Militär und was auch im Augenblick und im Anfang kommen mag, ich werde niemals neben dem großen Ziel ein Nebenziel verfolgen, ich würde nur das Hauptziel dadurch beschädigen. Wenn die Zeit oder der Umstand kommen sollte, daß der Ausgang des Krieges, namentlich wenn er siegreich wäre, unserer Selbständigkeit zu nahe treten würde, dann mache ich dahin feste Front, von wo man diese Selbständigkeit antasten will.

"Meine Herren, Sie werden von mir nicht erwarten, daß ich auf die militärischen Details, auf die Vorbereitungen und auf dieses oder jenes eingehen werde; die Sachlage, wie sie sich jetzt gestaltet hat, legt über alles dies im Interesse der Sache vollständiges Stillschweigen auf. — — Ich kann Sie auch versichern, alle Maßnahmen, welche nur entfernt in meiner Möglichkeit gestanden waren, sie sind bereits für die Pfalz getroffen. — — Ein echter und ein rechter Bayer, ein Altbayer, aber auch ein Deutscher hat zu Ihnen gesprochen." —

Wieder stoßen die Reden der verschiedenen Parteigänger ungestüm auf einander, die einen entnehmen der politischen Kurzsichtigkeit, die anderen der Klugheit ihre Gedanken.

Dr. Jörg behauptet, durch die Vorträge, statt schwankend, nur noch befestigter in seinen Ansichten geworden zu sein.

Professor Edel bricht eine Lanze für die Allianz mit Preußen, dann ruft er mit weittönender Stimme: „Man hat einmal gesagt, es gäbe keine katholischen Dichter in Deutschland, erlauben Sie mir einige Worte eines sehr katholischen Dichters aus einem Festspiel nach dem Befreiungskrieg anzuführen:

> Zum Hassen und zum Lieben
> Ist alle Welt getrieben
> Es bleibt uns keine Wahl,
> Der Teufel ist neutral." — —

Vom Hofraum und von der Straße ertönen Hochrufe, auch fliegen Drohungen „an den Laternenpfahl!" herauf, welche Pression und welcher Skandal den Präsidenten veranlaßt, die Sitzung zu unterbrechen. Nach einigen Minuten nimmt sie ihren Fortgang. Die Schwüle der Temperatur und die der Gefühle erreichen die gleiche thermometrische Höhe.

Der Präsident teilt die verschiedenen Anträge über den außerordentlichen Kredit mit. Dem abermaligen Meinungsgewirr entringt sich endlich die Abstimmung. Die Zahlen markieren die Thatsachen.

Jörgs Neutralitätsantrag wird mit 89 gegen 58 Stimmen abgelehnt, desgleichen der Neutralitätsantrag des Dr. Huttler mit 76 gegen 72 Stimmen. Der von dem übergetretenen Ultramontanen Schleich gestellte Antrag, 18 260 000 Gulden zu bewilligen, wird mit 101 gegen 47 Stimmen angenommen, da einige Ultramontane schließlich mit den Liberalen gestimmt.

Als die Abgeordneten nach jener inhaltsschweren Sitzung um $^1/_2$11 Uhr nachts ins Freie traten, wurden sie von einer Volksmasse umringt, die gierig nach der Kunde lechzte, wie die Würfel gefallen seien. In Kenntnis gesetzt, priesen die befriedigten Münchener das Ergebnis in allen Kehllauten. Denn die deutsche Gesinnung des Königs, die Ovationen, die sie demselben vor der Residenz dargebracht, hatten sie für die gemeinsame Sache entflammt. „Bayern, Deutschland hoch!" ertönte es in jener Nacht in allen Straßen der bayrischen Hauptstadt. — —

In Berlin hat am 19. Juli der Botschaftssekretär Le Sourd dem Grafen Bismarck die französische Kriegserklärung übergeben.

Am 20. Juli wurde in der bayrischen Reichsratskammer, in welcher die königlichen Prinzen Luitpold, Ludwig, Leopold, Adalbert, die Herzöge Karl Theodor und Ludwig anwesend waren, der zur Kriegführung erforderliche Kredit ohne alle Debatte von den 49 versammelten Reichsräten bewilligt.

Die Königin-Mutter erließ von Hohenschwangau aus einen Aufruf an Bayerns Frauen und Jungfrauen, „durch Mildthätigkeit und Opferwilligkeit die Leiden des Krieges zu mindern und das Los unserer tapferen Soldaten zu erleichtern".

In solcher Zeit kreuzen sich Jammer und Jauchzen — kampflustige Männer, betrübte Mütter, Frauen und Kinder —

die in den Staatssammlungen bisher zur Schau ausgestellten Kleinodien und Schätze werden verpackt und verborgen, die üblichen nutzlosen Vermittlungsversuche fremder Kabinette erfolgen und verschwinden.

Am 20. Juli kündigte der bayrische Gesandte in Berlin die Waffengenossenschaft an. Unter den Schwärmen der Depeschen, Briefe und Telegramme, welche aus der Spreemetropole sich über ganz Europa verbreiteten, befand sich das herzliche Dankschreiben König Wilhelms an Ludwig II., nebst der Mitteilung, daß er „sofort das Kommando über die bayrische Armee übernommen und dieselbe der unter seinen Sohn gestellten dritten Armee überwiesen habe".

Am 20., 21. und 22. Juli verabschiedeten sich die französischen Gesandten von den deutschen Höfen, und die Gesandten der deutschen Staaten verließen Paris. Die ersteren machten trotz ihres Amtes, zu dem das Vorhersehen gehört, sehr verwunderte Mienen. „Was fällt denn all diesen Querköpfen (têtes carrées) ein, sich jetzt mit Preußen verbünden zu wollen!" hatte der französische Gesandte in Karlsruhe bei der Nachricht von der Kriegserklärung Bayerns ausgerufen. „Kaiser Napoleon hatte es gut mit dem König von Bayern im Sinn und wollte ihm sein Land vergrößern." Und Herzog von Cadore, der französische Gesandte am bayrischen Hof, war nicht minder verblüfft. — Diese Diplomaten sollten die Geheimagenten ihrer Regierungen sein — dazu gehört ein Sichbewegen in allen Gesellschaftskreisen, aber zumeist beschränken sich jene auf einige Salons. Der Salon ist eine Scheinwelt, die Menschen, die darin verkehren, geben Leib und Seele den vorteilhaftesten Anstrich. Ihre Temperamente lassen sie als höfliche, zahme Tiere erscheinen, die aufwarten und scherzen; ihre Gespräche und Empfindungen stoßen nie an, ihre Augen sehen je nach der aufgetragenen Farbe die politischen Fragen an.

Der Herzog von Cadore war ein fleißiger Besucher des Salons Pfeffel. Aristokratische, ultramontane Herren und Damen aus München, der Nuntius, dessen Uditore und sonstige internationale Wahlverwandte fühlten sich dort heimisch. Der greise, geschmeidige, glatte, satirische Hausherr, dessen gelbes, scharfgeschnittenes Gesicht Karl Piloty zum Vorbild seines Cäsar genommen*, war ein feuriger Katholik und ein heftiger Gegner Preußens. In diesem Cönakulum wurde die Unterhaltung ausschließlich französisch geführt, deutsche Interessen hatten keinen Zutritt; die Eindrücke, welche Cadore hier empfing, waren rheinbündlerisch; die ultramontane Kammermehrheit zu München hatte ihn auch in den Traum einer bayrischen Neutralität gewiegt, Graf Quadt, der bayrische Gesandte in Paris, hatte Gramonts Versicherung, daß Frankreich „keinen Fußbreit deutschen Bodens nehmen würde", Glauben geschenkt, ein ultramontanes Münchener Blatt hatte noch am 17. Juli nach Paris telegraphiert: „Die patriotische Partei der Kammer ist entschlossen, keinen Kreuzer für die zu Gunsten Preußens befohlene Mobilmachung zu bewilligen." — Der Herzog von Gramont hatte kurz vorher in Paris die Erklärung abgegeben: „Quant aux États du sud de l'Allemagne ils ne bougeront pas. Je suis renseigné par mon ami et élève M. de B."

Es dürfte keinem Zweifel unterliegen, daß Graf Bray durch den Herzog von Gramont in Wien seinerzeit von den nunmehr bekannten militärischen Abmachungen zwischen dem Erzherzog Albrecht und Paris Kenntnis erhalten hatte und

---

* K. Pilotys „Ermordung Cäsars".

begreiflicherweise eine Zeitlang befürchten mußte, zwischen zwei Feuer zu geraten.

Die französischen Gesandten hatten ihr vaterländisches Sprichwort nicht beherzigt: „Qui n'entend qu'une cloche, n'entend qu'un son."

Am 27. Juli nachmittags hielt Kronprinz Friedrich von Preußen als Befehlshaber der süddeutschen Truppen seinen Einzug in München. Er fuhr mit König Ludwig und Prinz Otto im offenen Wagen zur Residenz, begleitet von einer Schwadron Kürassiere, gefolgt von den übrigen königlichen Prinzen zu Wagen mit prächtiger Suite, umbrauft von dem Enthusiasmus des Volkes. Auch bei der Familientafel im Königsbau, sowie abends im Hoftheater, wo bei festlich beleuchtetem Hause „Wallensteins Lager" aufgeführt wurde, war eine außergewöhnliche Erregung in die Gemüter gefahren.

Als Sänger Kindermann nach der letzten Strophe des Reiterliedes:

> „Drum frisch, Kameraden, den Rappen gezäumt.
> Die Brust im Gefechte gelüftet!
> Die Jugend brauset, das Leben schäumt,
> Frisch auf, eh' der Geist noch verdüftet!
> Und setzet ihr nicht das Leben ein,
> Nie wird euch das Leben gewonnen sein"

eine weitere, auf die Wiedergewinnung des Rheins abzielende Strophe einlegte, erhob sich das gesamte Publikum und hüllte König und Kronprinz in ihre warmen patriotischen Kundgebungen. Jene grüßten und verbeugten sich leutselig nach allen Seiten, herrschte doch ein selten schöner Einklang zwischen Fürsten und Unterthanen.

Am Bahnhof flatterten harmonisch die Fahnen weiß-blau und schwarz-weiß, als Kronprinz Friedrich von Bayerns König und von den Prinzen Abschied nahm.

Am 28. Juli reiste Napoleon mit seinem Sohne nach Metz, übernahm den Oberbefehl, und es erfolgte seine Proklamation an die Rheinarmee. König Wilhelm erließ am 31. Juli in Berlin seinen ergreifenden Aufruf „An Mein Volk". Abends begab er sich mit dem Hauptquartier, Prinz Karl, Graf Bismarck, General v. Moltke und v. Roon, nach Mainz, dort am 2. August eine Proklamation an das deutsche Heer richtend. — Schon die ersten Schlachten in den Tagen des 4. und 6. August, Weißenburg, Wörth, Spicheren, waren Marksteine des ruhmreichen Heerzuges der Deutschen. Und fort und fort ward jede Schlacht ein deutscher Sieg, und jeder Mann vom Gemeinen bis zum obersten Feldherrn verdiente den Lorbeer. Nicht allein in Schrift und Stein sollten all die Helden fortleben, sondern auch im lebendigen Denken der Mit= und Nachwelt. —

Am 1. September wurde die blutige Entscheidungsschlacht bei Sedan geschlagen. Nach einem von Deutschen und Franzosen mit beispiellosem Mut geführten Kampf war um 3 Uhr nachmittags die Umzingelung der Stadt vollendet, der Waffensieg der Deutschen vollbracht. Das von Napoleon durch General Reille an König Wilhelm übersandte Schreiben enthielt die Worte: „Da es mir nicht vergönnt war, in der Mitte meiner Armee den Tod zu finden, so bleibt mir nichts übrig, als meinen Degen in die Hände Eurer Majestät niederzulegen." Die Kapitulationsverhandlungen zwischen Moltke, Bismarck, Wimpffen und Castelnau in Donchery dauerten die ganze Nacht hindurch, blieben aber resultatlos. Nach einem durch Wimpffen berufenen Kriegsrat der französischen Generale wurde die Kapitulation von Sedan am 2. September unterzeichnet.

Im Deutschen Reich wurde der Sieg von Sedan mit der

ergreifenden Fröhlichkeit gefeiert, welche ein die Beendigung des Krieges bedeutendes Ereignis hervorzurufen vermochte. Blaß sind alle Worte, lahm alle Schilderungen im Vergleich mit den Empfindungen, die damals in den Herzen wogten.

Fahnen, Gesänge, Feuerwerke, Blumengewinde, Beglückwünschungen, all die Begeisterungsausdrücke, die Menschen bei solchen Anlässen gebrauchen, mußten ihre Beihilfe in Städten und Dörfern leisten. Auch das bayrische Volk stimmte in den allmeinen Freudenhymnus ein. — Nur der König war umdüstert.

Jetzt erklärt sich jeder die Ursache durch die heranschleichende Krankheit, aber in jenen Tagen wurden Ludwigs II. Aussprüche oft falsch gedeutet. Der König gab den Befehl: „Da es kein deutsches Kaisertum, keine deutsche Republik, keinen deutschen Bund bis jetzt giebt, die sogenannten deutschen Farben mithin Farben eines geographischen Begriffes in Wahrheit sind, so will ich, daß nur bayrische, oder, wenn es besser ist, gar keine Fahnen auf den Regierungsgebäuden ausgesteckt werden."

Minister v. Pfeufer, der des Königs Willen ausführen sollte, war in eine gelinde Verzweiflung geraten. Nur bayrisch oder gar nicht beflaggen — und doch drängte es ihn, deutsche Fahnen wehen zu lassen — da drohte ihm die königliche Ungnade, und dort das Murren der Bevölkerung. Er schritt nachdenklich in seinem Bureau auf und ab, was thun? — Plötzlich wurde es dunkel im Zimmer — er trat ans Fenster, es regnete. Jupiter pluvius wurde einmal wieder hoch in Ehren gehalten, und zwar von einem bayrischen Minister. Die Beflaggung unterblieb aus natürlichen Gründen. „Diesmal hätte wenig gefehlt," erzählte v. Pfeufer, „daß ich ein staatlicher Prügeljunge geworden wäre." —

Angesichts der militärischen Riesenerfolge nahm die deutsche

Kaiserfrage eine festere, nicht mehr angefochtene Gestalt an. Diplomatische Verhandlungen wurden ihrethalben im September gepflogen.

Da König Wilhelm viel daran gelegen war, ein diesbezügliches Anerbieten von dem Könige von Bayern zu erwirken, wünschte er zunächst eine Zusammenkunft mit Ludwig II. allein in Fontainebleau. Dagegen bestand die Absicht zu weitgehenden Konzessionen in Beziehung auf eine Ausnahmestellung der Krone und des Königreichs Bayern in Deutschland. König Ludwig II. wurde von seinen Ministern und von seinem Kabinettschef beschworen, der beabsichtigten Einladung Folge zu leisten.

Ludwig II. entschloß sich nicht dazu.

Graf Bismarck wünschte, daß der neue Gesamtbund den Namen Reich erhalte und dessen Präsident den Kaisertitel führe. Er äußerte, er habe im Jahre 1866 diesem Titel keinen Wert beigelegt, jetzt sei er überzeugt, daß man mit dieser Bezeichnung viel Thatsächliches der öffentlichen Meinung und dem Reichstag annehmbar machen könne. Von den Fürsten und an deren Spitze von dem König von Bayern sei die Verleihung des Titels wünschenswert, weniger vom Reichstag, welcher sonst wohl die den Fürsten zugedachte Rolle der Ergreifung der Initiative zur seinigen machen würde.

Auf den 22. September war zu München eine Vorbesprechung eines die sämtlichen deutschen Staaten in sich begreifenden Verfassungsbündnisses angesetzt. Der hiezu von der preußischen Regierung beorderte Staatsminister v. Delbrück und der Königlich württembergische Justizminister v. Mittnacht erhielten vor Beginn der Sitzung je eine Audienz bei dem in Berg weilenden König Ludwig II.

Den Stoff zum Gespräch gab die deutsche Frage. Delbrück

war überdies beauftragt, Seine Majestät auf die bevorstehende offizielle Einladung zu einer Fürstenzusammenkunft vorzubereiten. Die Aussicht, an derselben teilnehmen zu müssen, war dem „einsamen" König unsympathisch, und nach der Unterredung mit Delbrück hatte er das Gefühl, daß er gegen diesen etwas schroff gewesen sei, was ihm unbehaglich war, denn er wollte, daß jeder, den er in Audienz empfangen, den Eindruck der königlichen Leutseligkeit mit sich nehme. „Holen Sie Delbrück aus," schrieb der König an Eisenhart, „ich lege Gewicht darauf, zu erfahren, was er sagt. Ich verlasse mich auf Sie." Delbrück sprach sich während der Marschallstafel gegen meinen Mann nur im günstigsten Sinne über Seine Majestät aus.

Wie leicht denkt sich der Uneingeweihte eine Fürstenzusammenkunft. Alles wird von hohen und niederen Hofgeistern bestimmt, gepackt, geordnet. Die Salonwagen stehen auf der Eisenbahn bereit, die Fürsten steigen ein und es geht dahin. An Ort und Stelle ist festlicher Empfang und festliches Dasein. Aber welche Schwierigkeiten türmen sich in Wirklichkeit oft auf, spielen doch Etiketten- und Rangfragen auch hier eine große Rolle! So erzählte General Suckow des Königs von Württemberg Äußerung: „Sowie ich bestimmt weiß, daß der König von Bayern nicht nach Versailles geht, gehe ich hin, und bin dann der Erste, aber dem jungen König von Bayern will ich nicht nachstehen."

Trotz aller Bemühungen seiner Minister und seines Kabinettschefs ließ sich Ludwig II. nicht bewegen, das Hauptquartier zu besuchen, aber er verfolgte mit dem lebhaftesten Interesse alle Vorgänge dortselbst, schmiedete in seiner Einsamkeit Pläne für Bayern und beharrte auf seinem Willen, sie durchzusetzen.

Er gehörte zu den Menschen, die stets Gegenleistung gewähren oder fordern. Der Begriff „Aug' um Auge, Zahn um

Zahn" galt ihm ebensoviel wie der von „Ehr' um Ehre, Freud' um Freude", je nachdem er Kränkung oder Ergebenheit vergelten wollte.

„Noblesse oblige" und „qui s'y frotte s'y pique" gehörten zu seinen Devisen.

Für seinen raschen Entschluß der Mobilmachung, durch welchen Preußen thatsächlich ein großer Gefallen und Dienst geschehen war, glaubte Ludwig II. auf einen Gegengefallen und Gegendienst Anspruch zu haben. Er wollte seinem Lande eine Grenzerweiterung sichern.

Ein wohlunterrichteter Bekannter erzählte mir: Zusagen einer eventuellen Gebietsentschädigung für den im Jahre 1866 erlittenen Territorialverlust erfolgten durch den Bundeskanzler im Namen des Königs von Preußen, doch war die Bemerkung beigefügt, diese Angelegenheit müsse in das Gebiet der Friedensverhandlungen gewiesen und von den bereinstigen Friedensverhandlungen abhängig gemacht werden.

Das genügte dem Könige von Bayern nicht, er wünschte definitive Zusagen und regte die Frage an, ob nicht ein Zusammenhang zwischen dem diesseitigen und dem jenseitigen Bayern erreicht werden könne durch Erwerbung eines Teiles der badischen Pfalz, die früher ohnehin churpfälzisches Besitztum gewesen, wogegen Baden durch Bezirke in Elsaß-Lothringen entschädigt werden sollte. Auf eine dem Grafen Bismarck gesprächsweise hierüber gemachte Mitteilung erklärte derselbe sofort in bestimmter Art, eine badische Gebietsabtretung sei ein noli me tangere, und daß weder sein allergnädigster Herr noch der Großherzog von Baden je darauf eingehen würden, weshalb dieses Projekt außer Betracht gelassen werden wolle.

So wehrte Bismarck eine badische Gebietsabtretung an

Bayern ab, wie er des badischen Ministers Roggenbach Anträge bezüglich der Abtretung der Pfalz an Baden bekämpfte. Auch der preußischen Erwerbung von Ansbach-Bayreuth und von Nürnberg leistete er erfolgreich Widerstand.

König Wilhelm verlegte am 5. Oktober das Hauptquartier von Ferrières nach Versailles. Hier traf am 14. General Boyer ein, um in Bazaines Auftrag einen Kapitulationsantrag zu machen. Das Hauptquartier bestand auf der Kapitulation der ganzen Armee und der Festung von Metz.

Am 19. Oktober reisten die württembergischen, die badischen und die hessischen Minister nach Versailles, am 20. die bayrischen Minister Bray, Pranckh und Lutz. Von Weißenburg aus folgten die letzteren bis Nanteuil der Eisenbahn und von dort aus der bayrischen Etappenstraße. Auf dem ganzen Weg fanden sie zahlreiche bayrische Abteilungen, welche teils gegen Paris marschierten, teils zur militärischen Besetzung der Eisenbahn und der Straße verwendet waren. Die Mannschaft sah gut aus, aber die Montur um so schlechter. Ohne Eskorte durfte wegen der Franktireurs auf der Landstraße nicht gefahren werden.

Am 20. Oktober in Versailles angekommen, meldeten sich die Minister sogleich bei dem Könige von Preußen, bei dem Kronprinzen Friedrich und bei Prinz Luitpold von Bayern. Abends machten sie dem Grafen Bismarck einen Antrittsbesuch; Bismarck äußerte den Wunsch, Kriegsminister v. Pranckh möchte wegen des Militärwesens mit dem General v. Roon ins Benehmen treten, Staatsminister v. Lutz mit Minister v. Delbrück eine Vorbesprechung halten, um zu erfahren, in welchen Punkten ein vollständiges Einverständnis bestehe oder Meinungsverschiedenheit herrsche.

Auch die Bevollmächtigten von Württemberg, Baden

und Hessen hatten Sonderverhandlungen mit den preußischen Ministern.

Die zu Versailles am 6. November stattgehabte gemeinsame Besprechung Delbrücks mit den württembergischen, badischen und hessischen Ministern (die bayrischen Minister waren wegen stattgehabter Uneinigkeit nicht zugezogen worden) erzürnte Ludwig II. „Warum wird mit Württemberg, Baden und Hessen zuerst abgeschlossen und dann erst mit meiner Regierung?" rief er unwillig aus.

Er war zu jener Zeit durch den Gang der Ereignisse des Thrones und Europas müde geworden. Erregt verlangte er die schleunige Abreise des Prinzen Otto vom Kriegsschauplatz und erwartete ungeduldig dessen Ankunft in Hohenschwangau.

„Ich sehe meinen Bruder als den König an," äußerte Ludwig II. gegen seine Umgebung; nur an einem einzigen dünnen Faden hängt noch die Sache, dann wird es heißen: „Le Roi Louis II est mort, vive Le Roi Othon I!"

Am 5. November 1870 traf Prinz Otto in Hohenschwangau ein. Er war nicht ohne Lebensgefahr Tag und Nacht gereist, um den Wunsch seines Bruders zu erfüllen.

Der König sprach viel und heftig über seine Abdankung mit Prinz Otto, welcher einen liebenswürdigen Widerspruch entgegensetzte; trotz seines Verlangens, auf den Kriegsschauplatz zurückzukehren, konnte er des Monarchen Erlaubnis hierzu erst Mitte Januar erwirken. —

Wechselvoll ist das Leben, und das Schicksal prägt bald für diese, bald für jene Nation die Siegesmünze.

Es war im Mai 1664, daß Versailles in den heitersten Glanz gehüllt lag, als Ludwig XIV. dort das prächtigste seiner Feste gab.

Er zog, wie Voltaire erzählt, mit einem aus 600 Personen bestehenden Hofe in dem mit Triumphpforten geschmückten Orte ein. Als er zum Karussel ritt, strahlten sämtliche Krondiamanten an seinem Anzuge und an seinem Pferde, eine prunkvolle Kavalkade begleitete ihn, gefolgt von dem Sonnenwagen und von allegorischen Darstellungen der vier Zeitalter, der Himmelszeichen, Jahreszeiten und Stunden. Bebänderte Schäfer errichteten die Barrieren; zwischen den Fanfaren ertönten Violinen und Dudelsackweisen.

Die Königinnen, Anna von Österreich und Maria Theresia, die geistreiche Herzogin von Orleans, Henriette von England und 300 zur Hofgesellschaft gehörende Damen, darunter die schöne Königsgeliebte de La Valière, saßen im Amphitheater und wurden von den Dichtern im Zuge durch Oden und Sonette gefeiert. Nach Beendigung des prangenden Reiterspieles erleuchteten 4000 Riesenfackeln den Speiseraum im Freien. Zahllose Winzer, Schnitter, Waldgötter und Faune bedienten an aufgestellten Tischen die Gäste mit Speisen und Getränken, welche ein von Pan und Diana geleiteter Wagen herbeigeführt hatte. Die Arkaden ringsum waren von 500 silbernen und grünschimmernden Girandolen erhellt, eine vergoldete Balustrade umschloß diese Menschenmenge mit ihren epikureischen Genüssen und Liebesintriguen. —

Im Jahre 1870 lebten im deutschen Hauptquartier zu Versailles Könige, Prinzen, Generalstabsoffiziere und Civilbeamte nur der Pflicht, und zwar nicht stunden- und tage-, sondern wochen- und monatelang.

Einfach wohnte in der Präfektur der siegreiche Wilhelm I. von Preußen, in einem Privathause Rue de Provence arbeitete unermüdlich Graf Bismarck und verwandelte seine Sorgen wegen einer europäischen Intervention und sonstiger Wechselfälle im Krieg in Vorsorge für Deutschlands Heil.

An der Stelle, wo im 17. Jahrhundert privilegierte Schwelger des Volkes Hab und Gut verpraßten, da lagen nun im Erdgeschosse des Schlosses kranke und verwundete deutsche Offiziere und Mannschaften, die Heldenthaten auf dem Schlachtfeld verübt.

Welch ernste Stimmungsbilder, wenn Soldaten unter düsterem Trommelwirbel die Bahren Verstorbener auf den Kirchhof trugen, oder dicht aneinander gedrängte französische Gefangene unter Eskorte durch die Straßen zogen — da zuckte ein flammender Schein durch die Lüfte, dort breiteten sich vielsagende Rauchwolken aus — ein Unerschrockener segelte in ferner Höhe im Ballon.

Schlimme, gute und die besten Nachrichten bewegten die Menschen vom Morgen bis in die tiefe Nacht hinein. Das ganze Thun und Treiben, so historisch denkwürdig es war, überragte König Wilhelm inmitten seiner hohen Fürstengesellschaft; auch Bismarcks Reckengestalt trat mächtig hervor. Wenn der Bundeskanzler in den reichen Schatz seiner Erfahrungen griff und daraus verteilte, fesselte er die Aufmerksamkeit aller Anwesenden. Jeder Satz war der Träger eines großen Gedankens. So am 5. November, wo er ausführlich seine Besprechung mit Thiers mitteilte. Unter den Zuhörern befanden sich die bayrischen Minister, der sächsische Regierungsvertreter v. Friesen, die württembergischen Abgesandten v. Mittnacht und v. Suckow, die badischen Bevollmächtigten v. Freydorff und v. Jolly, der hessische Delegierte v. Dalwigk.

Der endgültige Entschluß Württembergs, gemeinsame Sache mit Bayern zu machen (13. November), stillte etwas den Sturm des Unmuts in der Seele Ludwigs II.

„Denken Sie sich," sagte zu einem Herrn seiner Umgebung der über seine eigene Phantasie und über die Leichtgläubigkeit der anderen erstaunte König, „Graf B. glaubte wahrhaftig auch, es sei mir ernst mit der Abdankung gewesen."

Der Gedanke daran zerstob wie der Sand im Wind, bemerkt doch schon Tacitus: „Das Verlangen nach Herrschaft mag heißer sein als jede andere Empfindung."

Verschiedenen einflußreichen Persönlichkeiten wurde der strengste Befehl eingeschärft, „alles aufzubieten, damit jenes Abdankungsgerücht", das sich wie ein Lauffeuer verbreitet hatte, „endlich aufhöre".

Am 15. November schrieb der badische Staatsrat Gelzer*, der das volle Vertrauen seines hochherzigen Landesherrn besaß, an Eisenhart:

„Hochgeehrter Herr Kabinettsrat!

„Wollen Sie mir erlauben, beiliegende Schriften an Seine Majestät den König mit einigen notwendigen Erklärungen zu begleiten.

„Da es sich um eine Korrespondenz Seiner Königlichen Hoheit des Großherzogs von Baden mit Seiner Majestät dem Könige handelt, wobei mir der ehrenvolle Auftrag zu teil geworden, wenn möglich mündlich dem Gedanken Seiner Königlichen Hoheit des Großherzogs offen und zutrauensvoll einen Ausdruck zu geben, so muß mir viel daran liegen, Sie über

---

* Heinrich Gelzer, mehrere Jahre Professor der Geschichte in Berlin, nahm in der Neuenburger Frage eine hervorragende Stellung ein und trug zur friedlichen Lösung zwischen Preußen und Neuenburg bei. Wegen Gesundheitsverhältnisse gab er seine Professur auf und ging nach Baden in den Dienst des Großherzogs.

die näheren, diesem Schritte zu Grunde liegenden Umstände zu orientieren.

„Schon seit Jahren hegte Seine Königliche Hoheit der Großherzog den lebhaften Wunsch, Seiner Majestät Ihrem Könige persönlich näher zu treten; dieser Wunsch steigerte sich in hohem Maße, als im Frühjahr 1866 eine Katastrophe für Deutschland sich vorbereitete; damals schon hatte Seine Königliche Hoheit die Absicht, mich mit einem vertraulichen Schreiben, das eine Zusammenkunft vorschlug, bei Seiner Majestät dem Könige einzuführen. Dieses Beglaubigungsschreiben war schon unterzeichnet und ist heute noch in meinen Händen, als das Ereignis eine Wendung nahm, welche die Ausführung jenes in edelm Vertrauen entworfenen Planes durchkreuzte.

„Indessen lebte der in den letzten vier Jahren stets festgehaltene Wunsch mit neuer Frische auf, als die große Wendung deutscher Geschichte im Sommer dieses Jahres eintrat. Das hochherzige Eingreifen Seiner Majestät des Königs Ludwig, dem wir es zu danken haben, daß die ganze Nation an diesem weltgeschichtlich-folgereichen Kampfe teilnahm, konnte jenes Verlangen des Großherzogs nur noch verstärken; auch hat Seine Königliche Hoheit in einem eigenhändigen Brief an Seine Majestät den König vor mehreren Wochen bereits direkt dies ausgesprochen. Allein eine Einladung Seiner Majestät des Königs von Preußen an seinen Schwiegersohn rief diesen nach Versailles, ehe er die erforderliche Einladung zu einer vertraulichen Zusammenkunft in München oder Berg oder an einem dritten beliebigen Orte treffen konnte.

„Am Tage vor der Abreise nach Versailles richtete der Großherzog an mich die Anfrage, ob ich wohl jetzt die Mission übernehmen wolle, die im Frühjahr 1866 nicht zu stande gekommen, der Überbringer und, wenn möglich, der mündliche Interpret eines konfidentiellen Briefes an Seine Majestät den König Ludwig zu sein?

„Der Herr Großherzog wußte, daß ich ohnehin im Sinne hatte, einen mehrtägigen Besuch in München zu machen, wo ich einige meiner Bekannten, in erster Linie den Herrn Stiftspropst Döllinger, zu sprechen wünschte, die ich seit meiner Anwesenheit in Rom während der wichtigen Monate von April bis Juli noch nicht gesprochen habe. Nur im Vorbeigehen führe ich an, daß ich während meiner höchstwichtigen praktischen Studien in der Konzilsstadt auch oft und freundschaftlich mit dem Grafen Tauffkirchen, Ihrem dortigen Gesandten, sowie mit dem Kardinal Hohenlohe verkehrte.

„Nun wäre ich Ihnen, hochgeehrter Herr Kabinettsrat, sehr zu Dank verpflichtet, wenn Sie mich mit einigen Zeilen davon in Kenntnis setzen wollten:

„1. Ob Seine Majestät der König nach Kenntnisnahme des beigeschlossenen Beglaubigungsbriefes vielleicht mich zu sprechen geruhen wollen?

„2. Wenn das in nächster Zeit nicht in Aussicht stände, ob sich eine baldige Möglichkeit einer Unterredung mit Ihnen herbeiführen ließe?

Mit aufrichtiger Hochachtung

ergebenster

Professor Dr. Gelzer, Staatsrat."

Der König dankte in verbindlicher Weise eigenhändig dem Großherzog von Baden für dessen freundschaftliches Schreiben. Dem Staatsrat Gelzer ließ er mitteilen, „er wolle ihn nicht an sein entferntes Hoflager in Hohenschwangau bemühen", und sandte am 18. November seinen Kabinettschef nach München, um Rücksprache mit Gelzer zu nehmen.

Eisenhart suchte denselben in dem Hotel „Zu den vier Jahreszeiten" auf. Gelzer wünschte vor allem eine Zusammenkunft des Großherzogs von Baden mit dem Könige von Bayern zu stande zu bringen, da in tiefbewegter Zeit, in der es sich um folgenschwere Entschlüsse handle, das lebendige Wort, der unmittelbare Austausch der Gedanken oft von unberechenbarem Werte sei. Voll Wärme ging er dann auf die Kaiserfrage über und betonte energisch, daß bei dem Gedanken daran dem Großherzog nichts ferner läge als ein Zurückfallen in die römisch-imperatorische oder in die theokratisch-mittelalterliche Auffassung des deutschen Kaisertums. Die deutsche Krone, sagte er, solle der geschichtliche Schlußstein eines mehrhundertjährigen Neubaues sein, des neu aufblühenden Reiches deutscher Nation. Von dem edelsten Vertrauen erfüllt, habe Seine Königliche Hoheit am 31. Oktober an Seine Majestät den König Ludwig geschrieben, und glücklich würde sich Gelzer schätzen, wenn er Seiner Königlichen Hoheit die erwünschte Antwort von Seiner Majestät überbringen dürfte.

Eisenhart versicherte aus voller Überzeugung, soviel wie möglich dazu beitragen zu wollen, den König doch noch zu einer Reise nach Versailles zu bewegen, damit der Monarch selbst an der Leitung der wichtigen Angelegenheiten mitwirke, die von so großer Tragweite für die gesamte deutsche Nation und für jeden Einzelstaat seien. Im übrigen habe er keinerlei Ermächtigung, in irgend einer Weise eine Zusage zu geben.

Staatsrat Gelzer fügte bei, er werde sich noch erlauben, in einer schriftlichen Darlegung die Kaiserfrage Seiner Majestät zu unterbreiten.

Als Eisenhart dem Könige die Unterredung mitteilte, erwiderte dieser: „Ich weiß recht gut, daß in gar mancher Hinsicht eine Reise von mir ins Hauptquartier ratsam wäre und politische Vorteile brächte, das versteht sich von selbst, aber ich fühle mich leidend und angegriffen, auch hängt meine Reise von den gewünschten Garantien ab, sonst gehe ich nicht nach Versailles, dabei bleibt es, das ist mein Wille." Selbst die unter anderen Verhältnissen verlockende Aussicht, Trianon zu bewohnen, verfing nicht. Bismarck hatte bereits den Maire veranlaßt, die nötigen Vorbereitungen im Schlosse zu treffen. „Wenn der König nur noch kommt!" sagte Bismarck. „Das hätte ich auch nicht gedacht, daß ich einmal den Haushofmeister von Trianon spielen würde." Aber der König kam nicht. —

Die Schwierigkeiten bei den Konferenzen mit den bayrischen Ministern hatten sich auf Bismarcks Nerven geworfen. Über Bismarcks Nerven herrschten verschiedene Versionen, der eiserne Kanzler ist nicht zu erschüttern — mehr als andere ist er unserer Zeitkrankheit unterworfen, lauteten die Gegensätze. In der Mitte lag die Wahrheit. Sein Wille war eisern, aber nicht sein Nervensystem. —

Etwas besänftigt, bemerkte Bismarck eines Tages, er hoffe dennoch, sich mit „Bavaria" verständigen zu können.

Wichtig waren die Abendstunden des 23. November; Bismarck verhandelte einmal wieder mit den bayrischen Ministern; als diese ihn nach 10 Uhr verlassen hatten, äußerte er befriedigt: „Die deutsche Einheit ist gemacht und der Kaiser auch. Es ist ein Ereignis. Die Zeitungen werden nicht zufrieden sein, und wer einmal in der gewöhnlichen Art Geschichte schreibt, kann unser Abkommen tadeln. Er kann sagen: ‚Der dumme Kerl hätte mehr fordern sollen; er hätte es erlangt, sie hätten gemußt,' und er kann recht haben mit dem Müssen.

Mir aber lag mehr daran, daß die Leute mit der Sache innerlich zufrieden waren. Ich wollte sie nicht pressen, die Situation nicht ausnutzen. Der Vertrag hat seine Mängel, aber er ist so fester. Ich rechne ihn zu dem wichtigsten, was wir in diesen Jahren erreicht haben. Was den Kaiser betrifft, so habe ich ihnen den bei den Verhandlungen damit annehmbar gemacht, daß ich ihnen vorstellte, es müsse für ihren König doch bequemer und leichter sein, gewisse Rechte dem deutschen Kaiser einzuräumen als dem benachbarten Könige von Preußen." *

Die Kaiserwürde war also eine ausgemachte Sache. Die Erwählung König Wilhelms zum deutschen Kaiser durch Fürsten der kleineren Staaten stand bevor, wenn der König von Bayern den gewünschten Antrag nicht stellen würde. Was heute versäumt wird, ist oft auf immer verloren — Bray und des Königs Kabinettschef führten diesen Gedanken in schriftlichen und mündlichen dringenden Vorstellungen bei Ludwig II. aus; sie betonten, daß die bloße Zustimmung den gleichen Wert bei weitem nicht haben würde wie das Anbieten der Kaiserkrone.

Die Presse befürwortete eifrigst die Kaiseridee, die national= liberalen Kreise wirkten feurig dafür, bald stimmten die Konser= vativen in Preußen ein, auch die vox populi verlangte, daß der Heldenkönig mit der Kaiserkrone geehrt werde.

Zündend zog die Begeisterung von Staat zu Staat im deutschen Lande. Nach gründlicher Überlegung richtig handeln war einer der Vorzüge Ludwigs II. Sein persönlicher Wille stand diesmal in keiner Verbindung mit dem Anerbieten. Inner= lich widerstrebte es ihm, als dem Sprossen eines „uralten, schon vor 1000 Jahren ruhmvollen Geschlechtes", der drei Kaiser

---

* Vgl. Moritz Busch: „Graf Bismarck und seine Leute".

unter seinen Ahnen zählte, den Antrag zu stellen; aber aus der Notwendigkeit eine Tugend zu machen, schien ihm jetzt geboten. Somit schreckte der König nicht mehr vor dem persönlichen Opfer zurück, was um so höher anzuschlagen ist, da ihm das ehrgeizige Motiv ferne lag, umjauchzt zu werden oder eine Rolle zu spielen, die, wenn nicht in erster, so doch in zweiter Reihe einen historischen Ruhm erlangen würde.

Er schrieb an die Mitglieder des königlichen Hauses und bat sie, ihm ihre Meinungen in dieser hochwichtigen Frage unverzüglich kundzugeben. Sodann beauftragte er mittelst chiffrierten Telegrammes den Grafen Bray, mit Bismarck zu sprechen und diesem zu sagen, daß in längstens drei Tagen Graf Holnstein in Versailles eintreffen würde. „Dann erst," äußerte der König, „bin ich im stande, einen endgültigen Entschluß zu fassen."

Der Oberst-Stallmeister Graf Holnstein fuhr, alle Hindernisse überwindend, eiligst nach Versailles.

Die bayrischen Minister verließen nach geschehener Arbeit am 26. November das Hauptquartier.

Eisenhart wurde im königlichen Auftrage von Hohenschwangau nach München entsandt, um von den ankommenden Ministern die den König lebhaft interessierenden Mitteilungen entgegenzunehmen. Ende November, während Eisenharts Abwesenheit von Hohenschwangau, kehrte Graf Holnstein an das königliche Hoflager zurück. Er hatte nach seinem Eintreffen in Versailles unverweilt den Grafen Bismarck aufgesucht und sich seiner Mission entledigt. Besorgend, daß er durch mündliche Überlieferung Bismarcks Ideen Seiner Majestät nicht mit der unumgänglich erforderlichen Genauigkeit unterbreiten könnte, hatte er den Bundeskanzler um eine schriftliche Darlegung seiner (Bismarcks) Ansichten betreffs der Kaiserfrage, sowie um den Entwurf eines von König Ludwig II.

allenfalls an den König von Preußen in dieser Sache zu richtenden Schreibens ersucht.

Wiederholt hat Graf Holnstein mit der ihm eigenen Lebendigkeit erzählt, zum Kanzler in Versailles gesagt zu haben: „Wissens was Excellenz, schreibens gleich selbst einen Brief auf, so wie er sein soll, sonst giebt es hintenach doch wieder Anstand." Darauf ist der Kanzler, dem Holnsteins Art und Weise gefiel und dem diese Bitte nur passen konnte, bereitwillig eingegangen. Er verfaßte nach seiner eigenen Mitteilung „um die Beförderung nicht zu verzögern, sofort an einem abgedeckten Eßtische auf durchschlagendem Papiere und mit widerstrebender Tinte" die gewünschten Briefe, die er hierauf mit mehreren Abänderungen ins Reine schrieb. Sicher kann dies wenigstens von Bismarcks Brief an König Ludwig II. behauptet werden, wie aus dem dieser Broschüre beigegebenen Faksimile ersichtlich ist.

Beide Dokumente hatte Graf Holnstein unverzüglich am 27. November erhalten und überbrachte sie nun seinem Monarchen.

Am 30. November fuhr hierauf Graf Holnstein nach München, ließ meinen Mann, der mit mir im Residenztheater war, aus der Loge rufen, teilte ihm kurz den Sachverhalt mit und überreichte ihm im Namen Seiner Majestät ein versiegeltes, an Eisenhart adressiertes Couvert. Es enthielt einen eigenhändig von Ludwig II. geschriebenen Brief an den König von Preußen und einen an meinen Mann.

Dem letzteren Schreiben lag der Gedanke zu Grunde, ob etwa angesichts der deutschen Verfassungsfrage und der Sachlage ein anders gefaßter Brief als besser und angemessener sich herausstellen würde.

Dem Schreiben war die ausdrückliche Ermächtigung beigefügt, den Brief an den König von Preußen nach eigenem

Ermessen Eisenharts eventuell nicht abgehen zu lassen. — Eisenhart fühlte sich hochgeehrt durch die huldvollen Zeilen, wenn er sich auch bewußt war, daß seine zu treffende Entscheidung möglicherweise die Einleitung zu Konflikten für ihn werden könnte.

Die Pflicht zeichnete ihm klar den Weg vor, den er einzuschlagen hatte, und des Königs Vertrauen verpflichtete ihn doppelt zur gewissenhaftesten Loyalität. Also ließ er allenfallsige Bedenken fallen, und, nur des Königs und Bayerns Interessen für maßgebend haltend, beschloß er, den Brief König Ludwigs II. an König Wilhelm I. in der gegebenen Fassung nach Versailles abgehen zu lassen. Um im Einklange mit dem Ministerium zu handeln, teilte er tags darauf in früher Morgenstunde diese seine Ansicht Herrn v. Lutz mit, der sich unbedingt mit Eisenhart einverstanden erklärte; hierauf flog Graf Holnstein mit dem denkwürdigen Schreiben nach Versailles zurück, und Eisenhart fuhr wieder nach Hohenschwangau. Der König hatte unterdessen wegen seines Anbietens der Kaiserkrone an die deutschen Fürsten, an die Vertreter der drei freien Städte und an Graf Bismarck geschrieben.

Prinz Luitpold von Bayern, dessen ritterlicher, liebenswürdiger Charakter so viel zu den guten Beziehungen zwischen Preußen und Bayern beitrug, empfing am 3. Dezember aus Holnsteins Händen den „Kaiserbrief" und überreichte denselben alsbald dem König von Preußen.

So hatte Bismarck unter manchem Kreuz- und Querfeuer den Kaisertitel hergestellt, „nicht einer preußisch-dynastischen Eitelkeit zu liebe, sondern allein im Glauben an seine Nützlichkeit für Förderung der nationalen Einheit". Und wie er eine feste Wehr gewesen gegen deutsche Länderzerstücklung, so war er es auch gegen die Metamorphose der Könige von Bayern, Sachsen und Württemberg in Herzöge, welche der Kronprinz von Preußen für den Fall geplant, daß sein Vater den Titel „König der Deutschen" statt „Deutscher Kaiser" führen würde.

König Wilhelm sandte ein warmes, herzliches Dankschreiben an Ludwig II.; von den deutschen Fürsten und von den freien Städten waren begeisterte Rückäußerungen ihres Einverständnisses in Hohenschwangau eingetroffen.

Im Hauptquartier herrschte große Freude über die deutsche Haltung Ludwigs II. Bei einem Diner richtete sich Bismarck in seiner ganzen Größe empor und sprach feierlich: „Ich trinke auf das Wohl Seiner Majestät des Königs von Bayern, auf das Blühen und Gedeihen seiner tausendjährigen Dynastie. Ich kann nur wiederholen, daß, solange ich etwas zu sagen habe, nie ein Schritt geschehen soll, der Bayern in seiner berechtigten Stellung verletzt. Seine Majestät der König wird an mir, so= lange ich lebe, einen so ergebenen Diener finden, als wäre ich noch sein Lehensträger." *

Fürst Bismarck erwähnt in seinen „Gedanken und Erinne= rungen" das besondere Wohlwollen, welches die bayrische Dynastie zu der Zeit, wo sie in der Mark Brandenburg regierte, während mehr als einer Generation seinen Vorfahren bethätigt habe. Nach Tische beim Cigarrenrauchen äußerte der Bundeskanzler: „Preußische Chauvinisten und Heißsporne haben es mir oft ver= übelt, daß ich auf Bayern nicht mehr Druck ausgeübt; hätte ich

---

* Kaiser Ludwig der Bayer verlieh seinem Sohne 1323 nach dem Tode des letzten Markgrafen Waldemar die Mark Brandenburg. Die= selbe blieb 50 Jahre unter Wittelsbachischer Herrschaft, bis sie im Jahre 1373 durch Otto V. verkäuflich an Kaiser Karl IV. abgetreten wurde.

nachgegeben, so säße uns ein Pfahl im Fleische, an welchem noch unsere Kinder zu leiden hätten. Zu einer solchen Schlechtigkeit, sagte ich ihnen, biete ich meine Hand nie, wollen sie so vorgehen, so mögen sie sich einen anderen suchen, ich gebe meinen Namen nicht dazu her."

Minister v. Delbrück verlas am 5. Dezember im Reichstag zu Berlin „das bereits telegraphisch bekannt gewordene Schreiben des Königs Ludwig an den König Wilhelm mit dem Hinzufügen, daß die in Versailles anwesenden deutschen Souveräne Seiner Majestät dem König von Preußen und Seiner Majestät dem König von Bayern ihre Zustimmung zu diesem Vorschlag ausgesprochen haben".* Und am 6. Dezember teilte in der Magistratssitzung zu München der erste Bürgermeister den „Kaiserbrief" mit, der die Vertreter der Stadt zu einer begeisterten Ovation für ihren Monarchen hinriß.

„Zur raschen Erledigung der Sache hat König Ludwig wesentlich beigetragen," erklärte eines Tages Bismarck; „er hat den Brief gleich angenommen und ohne Aufschub entscheidend beantwortet."

Obgleich König Ludwig II. das föderative Princip in der Bundesverfassung noch entschiedener zur Geltung gebracht haben wollte, erteilte er von Hohenschwangau aus den von den Ministern getroffenen Vereinbarungen seine Genehmigung und bewilligte am 6. Dezember die Beratung der ganzen Angelegenheit im Staatsrate. Zugleich sprach der König seine Zufriedenheit über die Sonderrechte aus, welche seine Minister für Bayern in Versailles zu erwirken vermocht: „Bayern behielt seine eigene Diplomatie,

---

* „Allgem. Zeitung", 8. Dezember 1870, Nr. 342. Schultheß, „Geschichtskalender", 1870, S. 186.

die Verwaltung des Heerwesens, der Post, der Telegraphen, der Eisenbahnen, seine besondere Besteuerung des Biers und Branntweins und nahm keinen Anteil an den Bestimmungen der neuen deutschen Bundesverfassung über Heimats- und Niederlassungsrecht. Zugleich wurde ihm zugestanden, daß im Bundesrate aus den Bevollmächtigten der Königreiche Bayern, Sachsen und Württemberg unter dem Vorsitz Bayerns ein diplomatischer Ausschuß gebildet werde, und daß das Veto von 14 Stimmen genüge, um jede Verfassungsänderung zu verhindern, während nach dem 78. Artikel der norddeutschen Bundesverfassung zu einer Verfassungsänderung eine Zweidrittelmehrheit im Bundesrat nötig war." — Militärisch ward Bayern durch die Bündnisverträge verpflichtet, vom 1. Januar 1872 an „volle Übereinstimmung in Organisation und Ausbildung seines Heeres mit jener des norddeutschen (preußischen) Heeres einzugehen. Diese Reorganisation erfolgte unter der Militärhoheit des Königs von Bayern," also „allgemeine Wehr- und Dienstpflicht gemäß dem norddeutschen Kriegsdienstgesetz als die Grundlage des Ganzen, Gleichartigkeit des Offizierersatzes, der Formationen, der Verwaltungs-Disciplinen, Ausbildungs-Vorschriften, Gleichheit in Bewaffnung, Ausrüstung und Bekleidung. Von den Tuchfarben letzterer abgesehen, hat sich denn bis heute die vollste Übereinstimmung auch wirklich so vollzogen, daß ohne jedwede dienstliche Störung ein Bataillon von Lindau nach Eydtkuhnen oder von hier nach dem Bodensee verlegt werden könnte."

Oft und oft sprach nach dem Vortrage Eisenharts der König über die Kaiserwürde und Kaiserkrone mit meinem Manne. Einmal (es war Ende November in Hohenschwangau) sagte er zu ihm: „Sie haben den Brief Bismarcks an mich noch nicht gelesen, lesen Sie ihn."

Eisenhart las voll Spannung das dargereichte Schreiben; als er dasselbe zurückgab, machte der König einen Riß in das Couvert und war im Begriffe, das gleiche mit dem Briefe zu thun, um ihn nach seiner Gewohnheit als erledigte Sache zu vernichten*, da rief mein Mann mit dem Ausdrucke des innigsten Bedauerns:

„Wie schade, Majestät, ein solcher Brief!"

Der König hielt inne.

„Nehmen Sie ihn, ich schenke Ihnen denselben, thun Sie damit, was Sie wollen, aber ich will nichts mehr davon hören."

Gerührt dankte Eisenhart dem huldvoll gesinnten Monarchen und trug das kostbare Schriftstück so vergnügt in sein Arbeitszimmer, wie wenn er alle Schätze Indiens geschenkt bekommen hätte. Bei der nächsten Weihnachtsbescherung machte mich mein Mann zur glücklichen Besitzerin des Briefes. Mehr als 27 Jahre lag er in einer Kassette — hoch gehalten, aber verborgen; nur einzelnen Privilegierten wurde dann und wann die Begünstigung zu teil, ihre Augen an den Schriftzügen Bismarcks zu weiden.

Von verschiedenen Seiten tauchten nun wiederholt irrtümliche und entstellende Nachrichten auf über Ursprung und Inhalt des Briefes, in welchem der König von Bayern dem König von Preußen den Kaisertitel anbietet. Da die Entstehungsweise desselben klar und bündig in dem erwähnten Briefe des Bundeskanzlers an König Ludwig II. dargelegt ist und das Schreiben

---

* König Ludwig II. pflegte die gelesenen Schreiben in ganz kleine Stücke zu zerreißen, läutete und befahl seinem Kammerdiener, dieselben sogleich zu verbrennen. Nur selten fanden Ausnahmen von dieser Regel statt.

dem bayrischen Königshause sowie dem Fürsten Bismarck zur Ehre gereicht, so glaube ich einer Pflicht meiner Vaterlandsliebe zu genügen, indem ich hiermit dieses herrliche Dokument der Öffentlichkeit übergebe. Es gehöre der Geschichte an:

„Versailles, 27. November 1870.

Allerdurchlauchtigster, Großmächtigster König!

„Für die huldreichen Eröffnungen, welche mir Graf Holnstein nach Befehl Eurer Majestät gemacht hat, bitte ich Allerhöchstdieselben, den ehrfurchtsvollen Ausdruck meines Dankes gnädig entgegennehmen zu wollen; mein Gefühl der Dankbarkeit gegen Eure Majestät hat einen tieferen und breiteren Grund als den persönlichen, in der amtlichen Stellung, in welcher ich die hochherzigen Entschließungen zu würdigen berufen bin, durch welche Eure Majestät bei dem Beginn und bei dem bevorstehenden Ende dieses großen Nationalkrieges der Einigkeit und der Macht Deutschlands den Abschluß gegeben haben. Aber es ist nicht meine, sondern die Aufgabe des deutschen Volkes und seiner Geschichte, dem durchlauchtigen Bayrischen Hause für Eurer Majestät deutsche Politik und für den Heldenmut Ihres Heeres zu danken. Ich kann nur versichern, daß ich, so lange ich lebe, Eurer Majestät in ehrfurchtsvoller Dankbarkeit anhänglich und ergeben sein und mich jederzeit glücklich schätzen werde, wenn es mir vergönnt wird, Eurer Majestät zu Diensten sein zu können.

„Bezüglich der deutschen Kaiserfrage ist es nach meinem ehrfurchtsvollen Ermessen vor allem wichtig, daß deren Anregung von keiner anderen Seite wie von Eurer Majestät und namentlich nicht von der Volksvertretung zuerst ausgehe. Die Stellung würde gefälscht werden, wenn sie ihren Ursprung nicht der freien und wohlerwogenen Initiative des mächtigsten der dem Bunde beitretenden Fürsten verdankt.

„Ich habe mir erlaubt, dem Grafen Holnstein den Entwurf einer etwa an meinen allergnädigsten König und, mit den nötigen Änderungen der Fassung, an die anderen Verbündeten zu richtenden Erklärung auf seinen Wunsch zu übergeben. Demselben liegt der Gedanke zu Grunde, welcher in der That die deutschen Stämme erfüllt: der Deutsche Kaiser ist ihr Landsmann, der König von Preußen ihr Nachbar; nur der deutsche Titel bekundet, daß die damit verbundenen Rechte aus freier Übertragung der deutschen Fürsten und Stämme hervorgehen. Daß die großen Fürstenhäuser Deutschlands, das Preußische eingeschlossen, durch das Vorhandensein eines von ihnen gewählten deutschen Kaisers in ihrer hohen europäischen Stellung nicht beeinträchtigt wurden, lehrt die Geschichte.

In tiefer Ehrfurcht ersterbe ich Eurer Majestät
unterthänigster treugehorsamster Diener
v. Bismarck."

* * *

Daß Bismarck feilte und ihm nützlich dünkende Zusätze einflocht, ersieht man aus dem Vergleiche des an den König gesandten Briefes mit folgendem Konzept, das den „Gedanken und Erinnerungen von Otto Fürst von Bismarck" entnommen ist. I. 353:

„Versailles, 27. November 1870.
Allerdurchlauchtigster, Großmächtigster König,
Allergnädigster Herr!

„Für die huldreichen Eröffnungen, welche mir Graf Holnstein auf Befehl Eurer Majestät gemacht hat, bitte ich Allerhöchstdieselben den ehrfurchtsvollen Ausdruck meines Dankes entgegennehmen zu wollen. Das Gefühl meiner Dankbarkeit gegen Eure Majestät hat einen tieferen und breiteren Grund als den persönlichen, in der amtlichen Stellung, in welcher ich die hochherzigen Entschließungen Eurer Majestät zu würdigen berufen bin, durch welche Eure Majestät beim Beginne und bei Beendigung dieses Krieges der Einigkeit und der Macht Deutschlands den Abschluß gegeben haben. Aber es ist nicht meine, sondern die Aufgabe des deutschen Volkes und der Geschichte, dem durchlauchtigen Bayrischen Hause für Eurer Majestät vaterländische Politik und für den Heldenmut Ihres Heeres zu danken. Ich kann nur versichern, daß ich Eurer Majestät, so lang ich lebe, in ehrlicher Dankbarkeit anhänglich und ergeben sein und mich jederzeit glücklich schätzen werde, wenn es mir vergönnt wird, Eurer Majestät zu Diensten zu sein. In der deutschen Kaiserfrage habe ich mir erlaubt, dem Grafen Holnstein einen kurzen Entwurf vorzulegen, welchem der Gedankengang zu Grunde liegt, der meinem Gefühl nach die deutschen Stämme bewegt; der deutsche Kaiser ist ihrer aller Landsmann, der König von Preußen ein Nachbar, dem unter diesen Namen Rechte, die ihre Grundlage nur in der freiwilligen Übertragung durch die deutschen Fürsten und Stämme finden, nicht zustehen.

„Ich glaube, daß der deutsche Titel für das Präsidium die Zulassung desselben erleichtert, und die Geschichte lehrt, daß die großen Fürstenhäuser Deutschlands, Preußen eingeschlossen, die Existenz des von ihnen gewählten Kaisers niemals als eine Beeinträchtigung ihrer eigenen europäischen Stellung empfunden haben.
v. Bismarck."

*   *   *

König Ludwig II. erhielt Tag für Tag aus allen Gauen Deutschlands Danksagungen und Lobeserhebungen über seine großmütige Haltung in der deutschen Frage. Aber der Wunsch, den er am lebhaftesten gehegt — Bayern zu erweitern — ging nicht in Erfüllung; ein Umstand, der zu mancherlei Mißstimmung des Königs gegen Preußen Anlaß gab, sich aber wohl erklärt aus der mangelnden persönlichen Fühlung des Königs mit dem deutschen Kaiser und mit der geringen Sympathie, welche das Projekt im Schoße des bayrischen Ministeriums hatte.

* * *

Ich hoffe, daß meine bündige Arbeit, welche von denkwürdigen Ereignissen Kunde giebt, jedem willkommen sein wird, der die Erinnerung festhalten will an unseren hohen Heldenkaiser Wilhelm I., an den großen Reichskanzler Bismarck mit dem erhabenen Wesen ohnegleichen, an König Ludwig II. von Bayern, dessen rascher Mobilmachungsbefehl und dessen uneigennütziges Vorgehen in der Kaiserfrage Thaten von durchgreifender Wirkung waren. Die Erinnerung an diese drei Wiedererbauer des Deutschen Reiches ist für dessen Angehörige der stärkste Hebel zur Dankbarkeit. „Was ist aber edler als Dankbarkeit?" fragt Seneca. „Für diese Tugend steht ein Feld offen, so weit wie das Leben."

Versailles 27 November 1870

Allerdurchlauchtigster Großmächtigster König

Für die heutigen Eröffnungen welche mir
Graf Holnstein auf Befehl Eurer Majestät
gemacht hat, bitte ich Allerhöchstdieselben den
ehrerbietungsvollen Ausdruck meines besonders gnädig entgegennehmen zu wollen. Meine Gefühle der
Devotion gegen Eure Majestät hat einen

tieferen und breiteren Grund als den gesetzlichen, in der ernstlichen Stellung in welcher ich die hochs-
ten Rathschlüssen zu würdigen im Stande bin, durch welche Eure Majestät bei dem Beginn eines
den bevorstehenden Sache dieser grossen National-
Bringens der Einigkeit und der Macht Deutschlands den
Ausschlusse gegeben haben. Aber es ist nicht meine, sondern
die Aufgabe des deutschen Staates und seiner Geschicke,
dem durchlauchtigsten Bairischen Hause für seine Un-
parteilich deutsche Politik und für den Halbmund Eher
Gunnnens zu denken. Ich kann nur versichern, dass ich
so lange ich lebe, Eurer Majestät in ehrfurchtsvoller
Dankbarkeit ergeben und ergeben sein, und mich zu

derzeit glücklich stocken werde, wenn es mir vor
gönnt wird Eurer Majestät zu Diensten sein zu
können.

Bezüglich der deutschen Reichsfragen ist es nach wie
vor ehrfurchtsvollem Erachten vor Allem wichtig,
daß deren Anregung von keiner anderen Seite aus
von Eurer Majestät, und womöglich nicht von der
Volksvertretung zuerst ausgeht. Die Stellung würde
gefälscht werden, wenn sie ihren Ausgang nicht der
freien und rechtzeitigen Initiative der mächtigsten
der deren Bunde beitretenden Fürsten verdankt.

Ich habe mir erlaubt dem Grafen Holnstein den Entwurf
eines deren an unsern allergnädigsten König und,
mit den nöthigen Bemerkungen der Fassung, an die

[illegible handwritten German text in Kurrent script]

Printed by Libri Plureos GmbH
in Hamburg, Germany